著名漫画家 蔡志忠 倾情推荐

☆我的第一本历史知识漫画书☆

历史画中话

两晋名士展风流

沈山明 李 冰 编

·学习历史知识 ·培养阅读兴趣 ·拓宽文化视野 ·启迪人生智慧

江西高校出版社
JIANGXI UNIVERSITIES AND COLLEGES PRESS

总书目

远古：神话诞生的时代

盘古开天地　大神女娲　后羿传奇
神农尝百草　炎黄联盟　尧舜禅让

夏商：文明从这里起步

大禹治水　夏启夺位　少康中兴
贤相伊尹　武丁选贤　暴虐的纣

文治武功“画”西周

姜太公钓鱼　武王伐纣　伯夷叔齐
周公辅国　烽火戏诸侯

群雄并起“画”春秋（上）

黄泉相见　周郑交恶　好鹤亡国
管鲍之交　齐桓公争霸　晏婴使楚

群雄并起“画”春秋（中）

曹刿论战　大义灭亲　仁义宋襄公
流亡公子　退避三舍

群雄并起“画”春秋（下）

羊皮换相　牛贩子退兵　放虎归山
一鸣惊人　庄王治楚　伍子胥传奇
吴越恩仇

逐鹿中原“画”战国（上）

三家分晋　完璧归赵　负荆请罪
田单复国　张仪欺楚　屈原投江

逐鹿中原“画”战国（下）

商鞅变法　长平之战　鸡鸣狗盗
毛遂自荐　窃符救赵　娶妻招祸
孙膑斗庞涓

诸子百家，东周风雅（上）

万世师表　关雎　无衣
硕鼠　氓　东山
孟母三迁

诸子百家，东周风雅（下）

老子留书　庄周梦蝶　孙武练兵
墨子救宋　韩非之死　神医扁鹊

盛衰骤变秦帝国（上）

奇货可居　君臣之争　中华始皇帝

盛衰骤变秦帝国（下）

指鹿为马　揭竿起义　巨鹿之战
刘邦起兵　鸿门宴　楚汉之争

西汉：大风起兮云飞扬（上）

刘邦诛韩信　吕后传奇　缇萦救父
执法不阿张释之　七王之乱

西汉：大风起兮云飞扬（中）

飞将军李广　张骞通西域　漠北之战
苏武牧羊　狱中天子　昭君出塞

西汉：大风起兮云飞扬（下）

奇人东方朔　凤求凰　千秋史笔
假面王莽　赤眉起义

东汉：豪强争霸的朝代（上）

光武兴汉　隐士严子陵　投笔从戎
跋扈将军梁冀　党锢之祸　黄巾起义

东汉：豪强争霸的朝代（下）

董卓弄权　武夫吕布　枭雄少年
官渡之战

三国：青梅煮酒论英雄（上）

桃园结义　煮酒论英雄　三顾茅庐
崛起江东　火烧赤壁

三国：青梅煮酒论英雄（中）

威震逍遥津　大意失荆州　兄弟相煎
火烧连营　七擒孟获

三国：青梅煮酒论英雄（下）

徐庶进曹营　忠勇典韦　狂生祢衡
智士程昱　失街亭　星陨五丈原

暗流涌动西东晋

高平陵政变　贾后乱晋　晋明帝除霸
淝水之战

纷争动荡南北朝

刘裕北伐　自毁长城　梁武帝佞佛
助子兴国　女杰冯太后　孝文帝迁都

两晋名士展风流

名士阮籍　书圣王羲之　靖节先生
纵情谢灵运　昭明太子　谯国夫人

兴亡之殇隋王朝

禅代北周　玉树后庭花　独孤皇后
杨广谋位　下江都　瓦岗烟尘
晋阳起兵

巍巍大唐，天朝盛世（上）

秦王李世明　玄武门之变　一代名相魏徵
文成公主　少女媚娘　一代女皇

巍巍大唐，天朝盛世（中）

韦氏乱朝　贵妃杨玉环　魂断马嵬坡
安史之乱

巍巍大唐，天朝盛世（下）

李愬取蔡州　甘露之变　牛李党争
小太宗唐宣宗　黄巢民变

乱世烽火，五代十国

朱温代唐　优伶天子　郭威建周
不倒翁冯道　南唐遗恨　花蕊夫人
海龙王钱镠

屈辱与抗争的大宋王朝（上）

陈桥兵变　杯酒释兵权　烛影斧声
无敌将军杨业　澶渊之盟
传奇宰相寇准　王安石与司马光
奸相蔡京

屈辱与抗争的大宋王朝（下）

靖康之耻　精忠岳飞　贾似道误国
正气文天祥　陆秀夫蹈海

能征善战的辽夏金

阿保机兴辽　承天萧太后　夏王元昊
阿骨打建国　海上之盟　枭雄海陵王

马背上的大元帝国

成吉思汗　贤相耶律楚材
长子西征　马可·波罗

内忧外患明王朝（上）

草莽皇帝朱元璋　胡惟庸党案
靖难之变　郑和下西洋

内忧外患明王朝（中）

土木堡之变　南宫复辟　首辅张居正
奸相严嵩　赫赫九千岁

内忧外患明王朝（下）

明宫三大案　闯王李自成
吴三桂与陈圆圆　袁崇焕之死

唐宋元明，文化的盛筵（上）

诗仙李白　诗圣杜甫
平民诗人白居易　韩愈谏迎佛骨
玄奘西游　鉴真东渡　六祖惠能

目录
CONTENTS

两晋文化

玄学

早在东汉后期，士大夫中就出现了世家大族。但士族的势力在曹操掌权时一度受到抑制，到了魏和西晋才重新兴起。魏文帝曹丕建立九品中正制，因为中正官多为门阀士族，从而形成“上品无寒门，下品无士族”的局面。进入东晋，门阀士族更加强盛，特别是一些士族还控制了中央政权，形成“王与马，共天下”的局面。在门阀制度下，寒士的进仕之路被阻碍。许多士人也因身逢乱世而逃避现实，终日饮酒清谈、品评人物，玄学之风大盛。

魏晋时期形成一种新的世界观和人生观，它的理论形态就是魏晋玄学。玄学最早的代表人物是何晏和王弼，两人都通过对一些儒家典籍的注解，阐述自己的哲学思想与政治主张。他们认为“道”或“无”是产生万物的根源，他们都崇尚道法自然，尊重事物的自然状态。后来，嵇康、阮籍、山涛、向秀、刘伶、王戎以及阮咸等七人又将玄学推进到一个新的发展阶段。他们大都崇尚老庄哲学、蔑视礼法、放诞纵情，又常在山阳的竹林中肆意酣畅痛饮，所以被世人称为“竹林七贤”。

宗教

早在东汉桓帝和灵帝时期，就有不少天竺僧人来到中原。他们以洛阳为活动中心，翻译大量佛教典籍，使佛教的教义在中国得到推广和普及，并逐渐形成了具有中国独特风格的佛教信仰特征。

西晋时，佛教典籍《般若经》很受重视，《般若经》以般若性空之学为重心，基本思想是“一切皆空，空即一切”，说“空”即法性，是宇宙的最高真理。显然，上述思想与玄学思想极为相似。因此在西晋末期，佛教吸引了士族的注意，这也是东晋时期玄学与佛教彼此契合的主要原因。

与佛教同时发展的还有起源于中国民间的道教。道教理论主要有三个部分：一是对整个宇宙和人类社会的解释，二是理想的政治形态和人生准则，三是实现政治理想和人生目标的方式。道教兴起之初有一个鲜明的特色，就是具有强烈的社会批判性。到西晋时期，经济形势好转，道教徒不再对现实政治进行强烈批判，而是更加注重隐居修道，这点非常符合豪强士族的利益。因此，道教也在这时期得以迅速发展。

东晋时期，道教学者葛洪总结战国、秦汉以来的道教思想，从理论上阐述了修道成仙的可能性及途径，并著有《抱朴子》一书。从东晋后期至南北朝时期，中国南北方都出现了由士族道教徒发起的道教改革活动。道教的经典、教义、教规和教派组织得到改造和充实发展，为后来儒、释、道三教鼎立的格局奠定了基础。

文学

与宗教一样受玄学思潮影响的还有两晋时期的文学和艺术。西晋时期，由于文人面对严酷的现实，深感功名事业渺无希望，又危机感深重，因此文学作品中很少反映民生疾苦、表现豪情壮志，更多的是抒发个人有志难酬的痛苦与悲哀。这一时期的文人以“竹林七贤”最突出，其中阮籍、嵇康的成就最高。

东晋文学成就最高的是陶渊明。陶渊明，又名陶潜，字元亮。他青年时代曾有救世人于水火的壮志，但因门阀制度的垄断与政治的黑暗，寒门之士根本没有机会进仕。陶渊明既无力改变现状，又不愿同流合污。最后，他决定彻底脱离官场，归隐田园，从此过着清苦却自由的日子，并写下了大量内容清新、格调平和的田园诗，开创了田园诗派。

东晋时期的书法和绘画艺术也十分出色。在书法上，王羲之的成就最为卓越，他的书法和绘画都有很高的美术价值，但书法成就更为突出，篆、隶、楷、草、行各种书体都造诣很深。他的作品《兰亭集序》有“天下第一行书”之称，因而王羲之也被称为“书圣”。而绘画方面成就最高的要数顾恺之，他擅长以色彩描绘人物画、佛像画等，尤其善于点睛传神。

两晋既是一个政治混乱、征战不休的时代，也是一个思想、文化、艺术都高度发达的时代。与春秋战国时期一样，文学在困惑纷乱中生存发展，又在中华文明史中绽放出自己独特的魅力！

继文学成就辉煌的魏晋之后，南北朝时期是中国文学发展史上的另一个高峰期，这一时期主要的文学形式是诗歌和骈文。

南朝诗歌中，以“山水诗人”谢灵运的诗作最为杰出，谢灵运被后人称作山水诗派的祖师，他的山水诗笔法细腻，辞藻奇妙。其后人谢朓的山水诗也写得清新圆润，世人称此二人为“大小谢”。

南北朝的乐府民歌也足以与汉乐府诗歌交相辉映。南朝民歌主要保存在宋朝人郭茂倩的《乐府诗集·清商曲辞》里，分吴歌和西曲两类，明丽柔婉，大都是描写男女爱情和离愁别绪。北朝少数民族诗歌则多刚健明快，如北朝后期的《木兰诗》。

这一时期出现了志怪小说和轶事小说，其中南朝刘宋时期刘义庆的《世说新语》价值很高，它记载了自汉代至晋的不少上层士族人物的趣闻轶事、生活方式和清谈风气，开后世笔记小说之先声。

这一时期文学意识渐趋觉醒，出现了探讨文学观念、分析创作过程、批评作家作品的文学理论和文学批评专著，如曹丕的《典论·论文》、陆机的《文赋》、刘勰的《文心雕龙》、钟嵘的《诗品》。而真正的文学理论和文学批评高峰则是在南朝梁萧统的《文选》以及徐陵的《玉台新咏》等文学总集出现之后。

名士阮籍

阮籍是三国时魏国著名的文学家、思想家，是“竹林七贤”之一，与嵇康齐名。他年轻时本有济世之志，但在司马氏的高压政治下，他选择了远身避祸、寄情山水的生活态度。因为阮籍曾为司马昭自封晋公、备九锡写过“劝进文”，所以司马氏对他放浪佯狂、违背礼法的各种行为采取容忍态度，使其得以终享天年，并留下许多传世的诗文。

阮籍、嵇康、山涛、刘伶、向秀、王戎、阮咸等七人是魏晋时玄学的代表人物，主张清静无为的老庄之学。
因他们经常集会于竹林喝酒纵歌，被世人称为“竹林七贤”。
倒骑毛驴？！
阮兄真是洒脱啊……
呵呵——
闪开！闪开！
这是谁家的马车？如此嚣张？
那是嵇喜家的马车……

阮籍家
不用通报了。老爷自己去就可以了。
可是……
你好，阮兄！好久不见。
阮兄，近来可好？
嵇喜
……
两个时辰后。

嵇府
喜大人的事，你听说了吗？
呵呵，是阮先生给他白眼看的事情吗？
哈哈哈……
果然是阮籍会做的事情啊！
老爷，嵇康大人来了……
快请！
哈哈哈，嵇康你人来我就很高兴了，竟然还带琴和酒！
阮兄的琴艺是越来越好了……

司马昭：司马懿次子，曹魏后期的政治家和军事家，也是西晋开国皇帝晋武帝司马炎之父，司马炎即位后追封其为晋文帝。

阮先生……
好酒……
这个阮籍……
哎呀，不……不知……司马……大……大人光临寒舍。
有……有失远迎。
阮先生不必多礼。
阮先生，老夫今天来，是想为犬子求婚于令爱。
不知阮先生意下如何？

呼呼
阮籍！
主人，快醒醒。
算了，老夫改日再来。
总不会每天都喝醉吧？
喝……
几天后的清晨……
司马大人又来了……

嗯？这么浓的酒味。
难道……
居然还醉着！
他这些天就一直这样醉着？
是……是的……
唉……
你，留在阮家！
老夫要看他能醉多久，哼！
是，大人。
两个月后

大人，阮先生还醉着呢！
阮籍呀，多少人盼着能和我司马氏攀上交情，你却……
难道你对功名利禄，真是一点兴趣都没有吗？
唉，罢了，看来和阮籍联姻一事，只能作罢。
啾啾——
主人，不好了！
老夫人病故了！
啪——

阮兄，不下了，你快去吧！
滴答滴答
不，我们下完这一局。
啊？！
轰隆隆——
我……输……了……
噗——
主人——
阮先生！

阮家灵堂
呜呜——
快要下葬了，怎么不见阮籍呢？
他不是有名的孝子吗？
他在那呢。
呼噜——
礼法规定，丧葬期间不得饮酒吃肉。
阮籍怎么就公然违反？！
阮籍一向不喜欢遵守礼法，唉……
呜呜……
母亲！

主人——
主人，裴楷先生来吊唁了。
不久后
裴楷
阮兄……

呜呜——
裴大人，按照礼法，应该主人痛哭，客人劝解才对。
怎么现在阮籍不哭，你反而哭了呢？
阮籍是超乎礼法的人，可以不讲礼法。
我还在礼法之中，所以遵循礼法。
阮籍与裴楷都是难得的名士啊！

愚人妄语

在文人世界中，阮籍应该属于另类，他没有遵循“文死谏，武死战”的铁律，而是一转身，把官场的是是非非抛到脑后，移情于山山水水了。世上的事，不是你我左右得了的，明知不可为而为之，最后是鸡蛋碰石头，粉身碎骨。倒不如趁早抽身，做一个完完全全的自我。

谈天说地

竹林七贤

“竹林七贤”在曹魏时代可谓是大名鼎鼎啊！当时有嵇康、阮籍、山涛、向秀、刘伶、王戎和阮咸等七个人，他们常常在山阳县（今河南修武一带）的竹林中喝酒纵歌。于是，当时的人们就给他们取了一个名字——“竹林七贤”。

思想上，这七人是当时玄学的代表人物，不过他们的思想倾向也不尽相同。嵇康、阮籍、刘伶和阮咸，主张老庄之学，“越名教而任自然”，山涛和王戎主张兼容，向秀则主张名教与自然合二为一。

生活上，他们不拘礼法，率性而为。据《世说新语》记载：“刘伶恒纵酒放达，或脱衣裸形在屋中。人见讥之。伶曰：‘我以天地为栋宇，屋室为裈衣，诸君何为入我裈中？’”放诞到了如此地步，可见他们的处世哲学是多么的大胆和开放。

政治态度上，他们的分歧尤其明显。嵇康、阮籍和刘伶，虽在曹魏为官，但对司马氏集团十分不满，在具体态度上是不合作。向秀，本不想出仕，可是在嵇康被害后心生怯意，被迫出仕。至于阮咸，他应该是七人中的另类，他为官欲望蓬勃，在司马氏篡位后，曾在西晋做过散骑侍郎司。山涛起先还“隐身自晦”，后自污形象投靠了司马氏，官运亨通，历任尚书吏部郎、侍中、司徒等，成为了司马氏政权的高级干部。最让人不耻的是王戎，这人人品不怎么样，功名心最重，又能左右逢源，在西晋王朝是个不倒翁。他长期担任侍中、吏部尚书和司徒等职务，并且还是晋武帝、晋惠帝的两朝元老，即使在“八王之乱”中，他仍然游刃有余，照样吃香喝辣，官场上一路彩旗飘飘。

书圣王羲之

王羲之出身于显赫的政治家族，早早入仕，甚至连婚姻也是政治联姻的产物，但温和内敛的他并未在政治上有所建树。东晋时期的门阀士族斗争让他逐渐远离官场，反而以极高的书法造诣名垂青史。他醉酒后即兴写出的《兰亭集序》，飘若浮云，矫若惊龙。他酒醒后，无论如何重新抄写，都不及原作，这大概就是所谓的“神来之笔”吧。

王羲之：字逸少，东晋时期著名书法家，有“书圣”之称。

婆婆，我帮您在每把扇子上写几个字，您就送我一把扇子，如何？
写字？
这位公子怎么好像中邪了一样？
唰唰

婆婆，把
这些扇子
拿到城里
去卖。
出价低于一百
个小钱的，就
不要卖给他。
哎，你干
吗？我的
扇子……
告辞
了。
一、一百钱？
难道是遇到
了山上的神
仙？
丞相府
逸少师兄，
谢大哥来
了。
安石
兄？

谢安：字安石，号东山，东晋政治家、军事家。

说是山中狐仙题的竹扇。
你看这狐仙可也写得一手好行草？
谢兄见笑了。
这字飘若浮云，矫若惊龙，几日不见，你的书法又精进到如此地步。
果然是你。
王逸少题字的扇子才卖一百个钱，幸好我抢得快啊。
这分明是王逸少的字，我也要一把！
抢什么？这把是我先看中的！
叽叽
丞相，郗大人遣学生来问丞相，是否已决定了人选？
丞相王导
王羲之叔父
子侄们都在东厢，你自己前去挑选就是。

这位门生是前来为郗大人择婿的。
哦？我可要好好表现。
哦？

嗯，好字！
这、这位少年怎么……
郗府
大人，王氏诸少年其实都不错。
听说郗家派来选女婿，他们一个个都神态矜持。
太尉郗鉴
只有一个人在床上袒胸露腹地吃东西，
一点都不在意，好像不知道有这回事一样。
哦？不为礼法所拘。
这正是我们要找的佳婿啊！
多年后
夫人，您快去看看，
大人他好奇怪啊。
郗浚

啊？
哈哈
哈——
夫君的学
问难道都
是这样吃
进去的？
大人真
是爱字
成痴啊。
啊？这……
翠儿，
快去打
盆水来。
是。
多谢
娘子。

吴会：指当时的吴郡（郡治在今江苏省苏州市）和会稽郡（郡治在今浙江省绍兴市）。

入木三分：相传王羲之在木板上写字，刻字的人发现其墨迹渗入木板三分深。后用来形容书法刚劲有力，也用来形容议论、见解深刻。

嘎嘎——
不过，王大人如果肯为老道抄写一卷《道德经》的话，
这些鹅，老道愿举群相赠。
多年后
不行不行。
这鹅是老道心爱之物，无论如何也不卖的。
当真？
那请道长准备纸笔吧。
嘎嘎——
逸少！
谢兄？！你怎么会在这儿？
三月初三为上巳节，人们会在这天到水滨洗濯，祛除不祥，祈求降福。
逸少，过几天就是三月初三，我们的“曲水流觞”之约，你难道忘了？

兰亭：位于今浙江省绍兴市城西南郊的兰渚山麓。觞：古代指有酒的杯，泛指酒杯。丝竹：指管弦乐器，后泛指奏乐、伴乐乃至乐舞。

庙堂：古代帝王祭祀、议事的太庙和明堂，后借指朝廷。江湖：泛指四方各地，这里是与庙堂相对的意思。

哦？又停在我面前了。
逸少兄，现在已有三十七首诗了，请您为这兰亭诗集作个序吧。
好，拿纸笔来。

逸少的字果然道媚劲健，极尽用笔使锋之妙啊！
已写了二十几个“之”字，
却或坐、或卧、或行、或走、或舞、或歌，竟然无一雷同呀！
尽善尽美，尽善尽美啊！
翌日
这可算是我王羲之平生得意之书了，
可惜稍有涂改，待我回去重新抄写一遍。
逸少，这是你重新抄写的《兰亭集序》？
唰——
你这是……

愚人妄语

王羲之的字品是没得说的，但更可贵的是他的人品：洒脱而不流俗。在常人看来，太傅选婿，那是攀高枝啊，哪能不孜孜以求呢？而王羲之袒胸露体，好像没这么一回事。人一洒脱，心地就宽了，做事就会得心应手，这样看来，王羲之的书法能成为今古一绝就不足为怪了。

谈天说地

中国古代四大书法家

说到书法，人们自然会想到欧体、颜体、柳体和赵体。不过，你知道创造这四种不同风格艺术的书法家是谁吗？告诉你吧，他们是唐代的欧阳询、颜真卿、柳公权和元代的赵孟頫。

欧阳询（公元557—641年），字信本，唐朝潭州临湘（今湖南长沙）人。官至太子率更令、弘文馆学士，封渤海县男。欧阳询博览古今，初学王羲之和王献之，吸收汉隶和魏晋以来的楷书书写方法，另创新意。其书法特点是笔力险劲、瘦硬，意态精密俊逸，自成“欧体”，对后世影响深远。与虞世南、褚遂良、薛稷并称为“初唐四家”。

颜真卿(公元709—785年)，字清臣，京兆万年(今陕西西安)人。他出身名门望族，是著名学者颜师古的五世孙。这样看来，颜真卿的书法有其深厚的家学渊源。不过，对他影响最大，能让他自创一体的，还是他那种兼取百家之长的求学态度。对颜真卿影响最大的是吴郡、张旭行云流水，开放自如的草书。颜真卿的楷书，反映出了一种盛世风貌：气宇轩昂。他的行草，浑圆一体，字字融情。难怪宋代书法大家米芾对他的字叹为观止。可惜的是，这样一位大师却耿直不知变通，晚年奉命招抚谋反的淮西节度使李希烈，惨死在李希烈的屠刀下。

柳公权（公元778—865年），字诚悬，京兆华原（今陕西耀县）人。官至太子少师，故世称“柳少师”。他是如何成名的呢？据说，他初学王羲之，后来又仔细揣摩欧阳询和颜真卿的笔法，然后自成一家。柳公权的楷书，体势劲媚，骨力道健，和颜体相比，柳体稍显清瘦，所以世人用“颜筋柳骨”来形容两者之间的区别。据说，唐穆宗曾经问柳公权用笔的方法，柳公权笑答道：“用笔在心，心正则笔正。”这哪里是在谈书法，明明是在说做人啊！看来，书法与做人，应该是同一个道理。

赵孟頫（公元1254—1322年），字子昂，号松雪道人，宋太祖第十一世孙。这个人才华横溢，是古代少有的全才，大概只有宋朝的苏东坡、明朝的董其昌可以和他相提并论。除书法外，他还擅长绘画，精通文学，通晓音律，熟谙道释。他最突出的贡献是，最先将诗、书、画合为一体。当然，赵孟頫的最高成就还是书法，尤其是楷书和行书。传世的楷书名作有《胆巴碑》《湖州妙严寺记》《仇锷碑》等，行书作品有《洛神赋卷》《汲黯传》和《道德经》等。赵孟頫的作品最主要的特点是，无论是楷书还是行书，都很工整，四平八稳。温和、典雅是他书法的主要特色。

靖节先生

爱菊、爱酒、爱自由，陶渊明像一只悠悠然的飞鸟，翩然逃出尘网的束缚。然而，他更像芳菲的桃花，虽然无忧无虑地盛放于枝头，却总是忘不了苦难深重的大地。或许他能做的，就是驾一叶小舟，引一泓清溪，为挣扎于苦海中的世人，指一条通往桃源之路……

彭泽县：在今江西省九江市湖口县东。

粳米：粳稻（一种生长期较长的矮秆稻子，米粒粗短）脱壳加工而成的米。秫谷：有黏性的谷物，也称黏高粱，可酿酒。公田：国家所有的田地。古代官吏除有一定俸禄外，还按照等级分配有面积不等的公田。 督邮：官名，汉代时各郡设置此官作为郡守的重要辅佐，常代表郡守督察县乡、宣达法令，兼管狱讼捕犯等。

等等，
彭泽县令怎么还不来拜见本官？
彭泽县衙
这五斗米的俸禄他还想不想要了？
大人！
大人……呼呼，郡里……派督邮来视察了……呼呼……
好了，知道了。
这个……大人……
难道您准备就这么去了？
怎么？这样有什么不对？
至少，您该换上官服才好。
不穿官服，一会儿您如何行拜见礼呢？
什么？还要行拜见礼？

这是历来的规矩，如果不照做，恐怕会影响大人的仕途啊。
哼！
这些督邮，一个个依仗权势、作威作福。
向这种人卑躬屈膝，我宁可不要这五斗米的官俸！
大人，您这是何苦啊……
把这个给督邮，从今以后，我就不是什么大人了。
大人……

让开！让开！
让开！让开！
官场黑暗，实在令人厌烦。
不如到山林间隐居，去过悠闲自在的生活。
芳菊开林耀，青松冠岩列。怀此贞秀姿，卓为霜下杰。
爹爹你看，好漂亮。
哈哈，真是采菊东篱下，悠然见南山啊！
咦？那些人是……

唉，又是这么多的难民。
到底什么时候才可以没有战乱呢？
爹爹，又有地方打仗了吗？
这些年，战争就没有停止过。
现在朝政腐败，外祸、内乱不断。
百姓何时才有太平日子过啊！
陶先生只是心中郁结，又偶感风寒，并无大碍。
爹爹……
我们出去吧，让爹爹好好睡一觉。
咳
咳
哪里才是安定美好的世界呢？

哗啦——
咦？好美的一片桃花林呀！
这个山洞通向哪里呢？要不要进去看看？
洞口虽小，里面却越来越大呀。

啊！
哎？！
看啊！是外地人！
我们这里从来没有外人来过。
来来，不要客气。
从没外人来过？
那这个村子是什么时候有的呀？

呵呵，我们的先人为避秦时的祸乱，来到这里定居。
也记不清到现在具体有多少年了。
秦？！秦到现在，中间可是隔了汉、魏两朝，好几百年呀！
现在都已经是晋朝了。
汉、魏、晋？这些都是秦以后的朝代吗？
外面的朝代更迭得真快呀。
我们这里从没外人来过，也从来没人离开过村子，
一直都自给自足地和平度日。
没想到，外面的世界有这么多的变化呀。
是啊，是啊。
这里，就是我一直在寻找的梦想之地呀！
不如，我把家人接到这里居住……
爹爹、爹爹，该吃药了。
啊！
爹爹！
呼！原来这一切都是梦啊！

愚人妄语

陶渊明是中国士大夫精神上的一个归宿，其不为五斗米折腰也就成了中国士大夫精神世界的一座堡垒。满腹诗书的陶渊明是孤独的，因为他始终只活在自己的世界里，他“悠然见南山”的采菊生活，他构思的乐土“桃花源”，都是孤独者的自由。“千秋万岁名，寂寞身后事”，陶渊明生命的光辉在他死后才逐渐放射出来！

谈天说地

今古桃花源

桃花源在哪里？在湖南省桃源县西南十五公里的水溪附近，距常德市三十四公里。这样一个古今闻名的地方，现在是什么样子呢？

走进桃花源，前面是滔滔不绝的沅江，后面是绵延起伏的武陵群峰。桃花源内，古树参天，修竹亭亭，芳草鲜美，落英缤纷。至于景点，那可多了！有桃花山、桃源山、桃仙岭、秦人村等四个景区，景区中又有桃花山牌坊、桃花溪、桃树林、穷林桥、菊圃、方竹亭、遇仙桥、水源亭、秦人古洞、延至馆、集贤祠等七十余处景点。用“别有洞天”来形容，是最恰当不过的了。

传说，上古唐尧时代，善卷先生由中原南下，曾隐居在桃花源。到了夏、商两代，桃花源属百濮。周朝时，周成王大封诸侯，封熊绎为楚子，这个楚子不是安分的主，于是出兵侵占百濮，将这一带改名为“黔中”，桃花源就在黔中境内。春秋后期，楚平王在桃花源筑采菱城。当然，最值得一提的是楚春申君黄歇，当初他的封地是武陵，他把这一带治理成了一个礼仪之邦，也就成了后来民众避秦乱的理想场所。

秦始皇统一六国后，又把桃花源纳入黔中郡，隶属于临沅县，当时叫乌头村。东汉建武二十四年（公元48年），伏波将军马援南征五溪“蛮”，曾驻军乌头村。到现在，桃花源附近还留有他避暑的“马援石室”以及他曾经设立帐篷的“营盘洲”。当然，让桃花源扬名天下的还是东晋的陶渊明。他那《桃花源记》问世之后，石破天惊，使桃花源声名鹊起。从此，风光旖旎的桃花源，就成了人们心中理想的大同世界。

桃花源在历史上还是中国古代道教圣地之一，有“第三十五洞天”“第四十六福地”的美誉。千百年来，有陶渊明、孟浩然、王昌龄、王维、李白、杜牧、刘禹锡、韩愈、陆游、苏轼等文人墨客为它留下许多珍贵的墨迹，让这颗璀璨的明珠更加熠熠生辉。

纵情谢灵运

谢灵运是东晋权臣谢安的嫡孙，出身显赫，幼时便袭封“康乐公”。刘裕夺东晋政权建立刘宋王朝后，谢灵运便被排挤出中央政权。一肚子怨气的谢灵运整天游山玩水，创作了大量传诵一时的诗赋，成为中国山水诗的鼻祖。但谢灵运放荡不羁的生活态度，最终为他招来杀身之祸。

会稽郡：战国末期秦国灭越国后，以原越国故土置会稽郡，后多有变动，两晋时期指今浙江省绍兴市一带。始宁县：今浙江省绍兴上虞市。

秘书监：官名和官署名。东汉始设秘书监机构，编制仅一人，司掌图典。南北朝开始设“秘书寺”，后改称“秘书省”，其长官称“秘书监”。光禄大夫：官名。汉朝时掌顾问应对，无常事，唯诏令所使。魏晋后至隋代，只作为加衔，用以加封告老之臣。

宋文帝
刘义隆
灵运啊，朕召你回来也有些时日了，这《晋书》编得怎样了？
踌躇满志的谢灵运本来认为皇帝此番必将重用自己，没想到只是派他负责编修《晋书》，心中很是不满。
什么？什么禁书？
皇上说的是《晋书》。
多嘴！不就是禁书吗？禁书怎么还能编呢？那不是戏弄我吗？
皇上说的是晋朝的史书！
哦……哎呀呀！臣给忘了！
那你最好抓紧，尽快把《晋书》给编出来。

临海：三国时期是孙吴会稽郡的治所，位于今浙江省临海市，隋唐时为台州临海郡。

我上山时去掉前面的齿，下山时去掉后面的齿，走起来自然稳健！
悉悉索索——
谁在那儿偷偷摸摸的，出来！
为什么跟着我们？
我们是临海太守王琇的属下。
因为始宁南山上突然出现数百人伐树开道，太守怕是山贼闹事，所以让我们来看看。
哈哈哈！
山贼？你见过这么俊朗的山贼吗？不认识我谢灵运吗？
天哪！竟然是谢灵运谢大人！我们最爱读您的诗了！

呵呵，算你们有点眼力。
那既然到了这里，我就顺便拜访一下你们太守，叫他和我一起开山游玩好了。
是，那我们先回去禀报太守您将要去拜访的消息。
临海太守府
孟兄误会了！近日始宁的谢灵运为了游玩，竟率数百人伐树开道，
害我误会是山贼作乱，虚惊了一场。
王琇
临海太守
我难得来一次，王兄怎么看来心情不好啊？
阿弥陀佛。这个谢灵运，也实在太过分了。
孟觊
会稽太守
太守，谢康乐求见。
唉，还真来了。请他进来吧。

呵呵，让王太守受惊了，灵运特来请罪。
同时也想邀王太守和灵运同去开山游玩。
唉，有劳谢康乐费心了。
恕在下俗务缠身，不能同去，希望谢康乐游玩愉快。
阿弥陀佛。谢康乐如此兴师动众地开山伐林，惊扰生灵，实在是罪过呀！
还望谢康乐回家静思悔过，体悟我佛对万物的慈悲之心。
呵呵，原来会稽太守孟觊大人也在呀？
我有句话，一直想送给孟太守呢。
呃？谢康乐有什么话要送给在下？
送孟太守的话就是——得道要靠天赋。
孟太守升天应该在灵运之前，但成佛一定在灵运之后。
哈哈哈！
你……你……

千秋亭：位于浙江省绍兴市绍兴县柯桥镇，又称柯亭或高迁亭。

“韩亡子房奋……忠义感君子”：大概意思是战国时期韩国灭亡，张良发愤要为韩国复仇，秦称帝而鲁仲连因感耻辱宁可去跳海。我原本是一个与世无争、纵情山水之人，但君子忠义之心出于自然，怎能置身事外、无动于衷？有人认为这是谢灵运将刘宋比作暴秦，并以张良、鲁仲连自比，暗示要像他们那样为被灭亡的晋朝复仇雪耻。

愚人妄语

谢灵运有志于仕途发展，官场却容不下他。于是，无路可走的他就整天游山玩水，因此留下了一首首脍炙人口的山水诗。山水诗的起源很早，在其发展过程中也有许多诗人做出了贡献，但真正大力创作山水诗，并在当时及对后世产生巨大影响的，则是谢灵运。这正好应了老子的那句话：“祸兮福所倚，福兮祸所伏。”生活就是这样，世事难料，落难时不要悲伤，得志时不要忘乎所以。

谈天说地

狂士嵇康

嵇康（公元224—263年），字叔夜，谯郡铚（今安徽省濉溪县临涣镇）人。与阮籍齐名，为“竹林七贤”之一。后因声言“非汤武而薄周礼”，且不满当时掌握政权的司马氏集团，遭钟会构陷，被司马昭处死，年仅三十九岁。

钟会出身名门，是钟繇的儿子，经典的“红二代”。这人年少得志，十九岁入仕，为秘书郎，三年后又升为尚书郎，二十九岁时就已进封为关内侯。就这样一个豪门贵族，人家巴结都没有门路，可是嵇康呢，钟会对他是敬佩有加，这位不识时务的嵇先生却拒绝与钟会交往。

据史料记载：钟会写完了《四本论》，急匆匆到嵇康家想求嵇康赐教。这嵇康，懒得搭理，高昂着头，全然不把钟会放在眼里。钟会觉得无趣，自讨没趣地准备离开，就在这时，嵇康冷不丁地冒出一句：“何所闻而来，何所见而去？”钟会铁青着脸回答说：“闻所闻而来，见所见而去。”然后头一甩走了。你想，得罪了权贵，人家能不记恨在心吗？

官场是混不下去了，嵇康只能回归自然。《文士传》里说嵇康“性绝巧，能锻铁”。嵇康的铁铺子在后园一棵枝叶茂密的柳树下，他引来山泉，绕着柳树筑了一个小小的游泳池，打铁累了，就跳进池子里泡一会儿。这把朋友们羡慕得要死，都夸他“肃肃如松下风，高而徐引”。一个学富五车的才子，却干起了打铁的活，其性情还有什么话说呢？不入世俗，孤介自傲。

昭明太子

梁武帝长子萧统天资聪敏，通达事理，宽容仁孝，体恤百姓，为人民所爱戴。可惜他还未登上帝位，便英年早逝，只留下“昭明”的谥号，为后人所怀念景仰。

萧统：字德施，梁武帝萧衍长子。《孝经》：据传，该书出自孔子故居的墙壁藏书中，是帝制时代宣扬“以孝治天下”的重要典籍。

太子的《孝经》讲得可真好。
看来《孝经》的大义，太子已经差不多都理解了。
各位，今天《孝经》的讲解到此为止。
太子千岁千岁千千岁！
各位平身，回去路上请礼让老幼先行，不要拥挤。
太子真是聪明又仁慈啊！
四年后
太子殿下，我们现在就回东宫？还是要去哪儿呢？
嗯……
此案现已审理清楚，犯人按律当判入狱十年。
嗯？

廷尉：最高司法官，战国时秦国始设，掌刑狱。

呵呵，一个十二岁的孩子能断什么案？算了，就当陪太子游戏好了。
太子殿下当然可以审，正好判案也是殿下需要学习的事。
呵呵，这个小家伙断案还挺快的嘛。
全部断好了，就按我判的处理吧。
呵呵，好的。先让老臣看一看……
杖五十
这个也是……
这个也是，这些都是……
太子殿下，这些都是重罪，全部都判杖五十，太轻了……

我觉得这样的处罚已经够了。
您刚才说我能够断案的，现在就按照我的判决处罚吧。
这、这该怎么办好啊……
大人赶紧去请示皇上吧。只要皇上说太子的判决只是游戏，那就可以重新审理了。
也只能去请示皇上了……
唉，还说陪太子游戏，简直是搬起石头砸自己的脚。
哈哈哈
既然我儿如此仁爱，那就按照他的判决量刑处罚吧。
让天下人都知道，朕的太子是一个宽厚仁义之人。
以后有什么需要减刑、宽纵的案子，就都交给我儿审理。
遵旨……

行冠礼、加元服：此两者指同一件事，都是一种礼仪，代表行礼者已经成年。

襦裤：襦，短衣、短袄的意思。襦裤是短上衣和裤子的合称。

数年后　东宫后池
听闻殿下每餐只吃一个荤菜，臣等多有担心。
太子日理万机，要注意保重身体啊。
殿下……
何况我每餐均有肉食，就养生而言，也已经足够。
此处山清水秀，实在是难得的一方胜地。
如果能让女伎在岸边奏乐助兴，肯定就跟仙境差不多了。
呵呵，处理政务之余，能和各位贤臣、雅士畅游于山水之间，对我而言，就是最好的养生之道了。
在这山水之间陶冶性情，的确是一大快事。

女伎：从事歌舞的女艺人。

何必丝与竹，山水有清音。
哗——哗——
真惭愧，不能像太子殿下一样领略山水自身的美妙。
呵呵，这里荷花开得甚美，让我采摘一朵，一会儿大家好击鼓传花吟诗。
荡舟用力要均匀，注意点。
是、是。
呀！
太子！
啊！太子！

快、快把太子扶上船！
快叫太医！太子的腿在流血！
殿下的腿被水里的石头划破了，伤势不轻呢。
太子的病情应该尽快上报给皇上吧？
我也这么认为，但是太子不准上报给皇上啊。
拿纸笔过来……
殿下，您不能起来啊，太医交代您要多休息的。
父皇知道我患病，一直想要来看我。
我要亲自给父皇写信，证明我并无大碍。
怎能让每日操劳国事的父皇为我担忧？
唰啦——
啪！
太子殿下！

别……别
告诉……
父皇……
不要……让
父皇……担
心……
殿下……
不能再拖了，
立刻上报给
皇上！
是！
上天，请
保佑仁慈
的太子平
安无事吧。
哒哒——哒哒
皇儿，你
在哪儿？
呜呜……禀
告皇上，太
子、太子半
个时辰前过
世了……
呜呜——
不、不可
能，这不
可能！
皇儿
啊！

愚人妄语

昭明太子萧统只活了三十岁，可是他给后人留下了对文学创作影响相当深远的文学巨著——《文选》。生命的长度你可以用时间来衡量，但生命的质量还得靠自己来打造。生命之车总有终点，但怎样才能使生命的车轮滚滚向前呢？那就是别落下生命过程中的每一个机会，别失去了生命中一分一秒的美好时光。这样，生命的价值才会厚重。

谈天说地

古往今来话第一

第一部诗歌总集是《诗经》；
第一位爱国诗人是屈原；
第一位女诗人是蔡琰（文姬）；
第一位女词人是李清照；
第一位田园诗人是陶渊明；
第一位山水诗人是谢灵运；
第一首长篇叙事诗是《孔雀东南飞》；
第一部诗歌理论和评论专著是钟嵘的《诗品》；
第一部语录体散文集是《论语》；
第一部文选是萧统主持编撰的《文选》；
第一部文言志人小说集是《世说新语》；
第一部文言志怪小说集是《搜神记》；
第一部神话集《山海经》；
第一部科普作品是沈括的《梦溪笔谈》；
第一部日记体游记是《徐霞客游记》；
第一部文学批评专著是曹丕的《典论·论文》；
第一部文学理论专著是刘勰的《文心雕龙》；
第一部字典是《说文解字》；
第一部词典是《尔雅》；
第一部大百科全书是《永乐大典》；
第一部编年史是《春秋》；
第一部国别史是《国语》；
第一部纪传体通史是《史记》；
第一部断代史是《汉书》；
第一部兵书是《孙子兵法》。

谯国夫人

岭南冼氏原是拥有十几万户的部族首领。冼夫人自幼便颇有男儿气概，稍长更得异人传授武艺及韬略。罗州刺史为任职郡太守的儿子冯宝向尚属蛮族的冼氏求亲，于是冼夫人成了太守夫人。冼夫人一生横跨梁、陈、隋三朝，也为这三朝平叛乱、处奸恶，一生功绩赫赫，被隋文帝封为“谯国夫人”。

百越：指分布在华东、华南地区的扬越、瓯越、闽越、南越、骆越等越人部落。

兔兔，没事了，出来吧。这里有好吃的。
乖，不要怕。
姐姐，请你不要伤害它们好吗？
它如果死了，它的亲人就会好难过、好孤独的。就像我和妈妈一样……
我懂了，小妹放心，我以后不会这样了。
你住在哪里？我送你回去吧。
好，上马，你来指路。
就在前面的小村庄里。
快走，都给我快点走！
啊？！

妈妈！你们为什么要抓我妈妈？
阿妹？你怎么来了？
这些又是你干的？我劝了你多少次，你怎么总是不听呢？
我可没有像以前那样攻打越人的村庄啊，他们都是汉人。
冼挺
冼夫人之兄
汉人怎么了？汉人我们更不该欺压！
我又不杀他们，只是让他们当奴隶伺候我们也不行吗？
我真为有你这样的阿哥而感到羞耻！马上放人，否则从此断绝兄妹关系！
阿妹，你别这样。我放人！放了还不行吗？

海南：指今海南省的海南岛。儋耳：指海南岛西部今海南省儋州市一带的黎族先民。汉武帝时曾在此置儋耳郡，至南朝梁又在此置崖州。高凉：汉末为高凉郡，治所在今广东省阳江市西。

这是我们百越的地盘，我怎么也是个部落头领，你这个外人凭什么处罚我？
阿发、阿荣，来帮我解开绳子，我要回家。
我本来还想看看他有什么能耐呢，太失望了，太失望了。
住手！拦住他们！
哼唷！哼唷！
你们快走开……
放肆！
别忘了这也是梁朝的土地。
你虽是头领，但同样是梁朝的子民，违法在先，就得接受朝廷命官的处罚！
夫人……

你、你是我看着长大的，现在翅膀硬了，就帮着外人欺负自己的亲族了？！
哼！谁不知道你们成亲的目的？别装出一副幸福的样子了。
哈哈哈
放肆！给我拉下去，依法处置。
胆敢阻拦者，打二十大板！
大家听着，今后无论是汉人还是越人，只要犯了法就要接受梁朝的惩罚，违者格杀勿论！

夫君，还在想那头领说的话吗？
是啊……
夫人……
我们成亲的目的……你父亲是为了更好地管理岭南越人。
我的家人则是希望借机归顺汉人的朝廷，以免发生不必要的战争……
这些我都知道。我会帮你治理好我的族人，但我相信我们的婚姻不仅仅是为了利益，我们彼此都……
夫人不用说了，我明白，我真的觉得很幸福。
此后，冼夫人与冯宝一起解决诉讼问题，亲族犯罪也绝不纵容。自此，政令有序，无人敢违抗。
多年后
夫人，高州刺史李迁仕派人征调我，我近日就要动身前去，你帮我准备准备。

高州：治所为高凉。

灨石：今江西省吉安地区万安县。

大皋口：今江西省吉安地区吉安市。

听说冯宝的夫人足智多谋，我可得提防有诈。
好，我得亲自去迎接啊。
千余人竟然步行而来，还都背着那么多东西，看来没什么阴谋。
马上开门迎接，准备设宴款待！
大家听着，进城后以最快的速度制伏李迁仕和抵抗者，尽量减少彼此伤亡，明白吗？
明白！
高州刺史请高凉太守夫人入内——

冲啊——
快跑啊！

李迁仕呢?
带着少数兵力跑了!
哼哼，丧家之犬，不必追了。传令整理军队，开赴赣石。
高凉
夫君，我回来了。
辛苦了，我的巾帼英雄!
听说你不仅击败了李迁仕，还在灨石与长城侯汇合，一举击溃了杜平虏的叛军?
呵呵，是不是对我刮目相看了?
不过我这一趟可长了见识。
这个陈霸先异常得民心，日后一定能成大业。夫君，你应该去笼络他。
不出冼夫人所料，陈霸先最终代梁建陈。此时冯宝已死，冼夫人带领百越人效忠陈朝，得封“石龙太夫人”。但数年后，陈后主沉湎酒色，最终被隋文帝杨坚所灭。
隋
陳

听说陈朝亡了，不知道是真是假啊？
管他什么宋齐梁陈，我只听夫人的！
冯魂
冼夫人之孙
岭南一带多为少数民族，尚未依附隋朝，数郡共奉冼夫人为主，号“圣母”，意在保境安民。
奶奶，一个自称是隋朝晋王使者的人求见。
请他上来吧。
小的奉大隋晋王之命前来拜见圣母，小的要给冼圣母看一件东西。
就是这个，圣母请过目。
这……这是？！

扶南犀杖：指扶南国产的犀杖。扶南也称夫南，是一个古国，遗址位于今柬埔寨境内。

岭南：指五岭以南地区。总管：官名。历代以来大致分三种职能，一为军事长官，二为地方军政长官，三为管理专门事务的官衙长官。南康：郡治在雩都，即今江西省赣州市于都县东北，后移至今赣州市。番禺：古代广州的治所，即今广东省广州市。

南海：指南海郡，秦朝设立，郡治所在今广东广州，管辖附近数个县。

真是稀世珍品啊！
各位，今天大集会我要展示一些东西，请大家聚过来一点。
这些是梁、陈、隋三朝朝廷赏赐给我的宝物，展示这些是为了让你们知道一件事情……
冯魂，冯暄，冯盎，你们过来，跪下！
谨听教诲！
为了本族百姓的幸福，你们应该忠心地对待天子，我得以侍奉三朝皇帝，只因一片诚心。
现在赏赐的东西都在，这是忠孝的回报和证明。

愚人妄语

“如果躺在地上冷冰冰的是我，你会怎么想呢？”好一个将心比心！不仅做人要如此，做事做官也应如此。只要我们站在对方的角度想一想，想不通的事情就想通了，不能解决的问题也就解决了。只可惜，古往今来，以自我为中心的人不在少数，因此，人生的悲剧也就不断地上演，这难道不发人深思吗？

谈天说地

古今岭南

岭南是指我国南方五岭之南的地区，相当于现在的广东、广西及海南全境。历史上，唐朝岭南道，还包括曾经属于中国皇朝统治的越南红河三角洲一带。宋代以后，越南北部分离出去。岭南的概念也逐渐将越南排除在外。由于历代行政区划的变动，我们现在所说的岭南，特指广东、广西、海南、香港和澳门五个地区。

古代的岭南为百越之地，是百越族居住的地方。秦末汉初，岭南是南越国的辖地。它之所以叫岭南，是因为它在五岭之南。五岭由越城岭、都庞岭、萌渚岭、骑田岭、大庾岭等五座山组成。这五座山大体分布在广西东部至广东东部和湖南、江西四省区交界处。它们就像一道天然的屏障，把中原地区和岭南地区分割开来。

但从古至今，岭南地区和中原地区就没有分开过。商周时代，广东先民便与中原商、周王朝有了经济文化往来。春秋战国时代，岭南与吴、越、楚国关系十分密切，交往十分频繁。到了秦代，秦始皇设立“岭南三郡”——南海、桂林、象郡，更加明确了岭南的区域范围。

说了岭南，再说岭南文化。岭南文化中，最值得骄傲的是“三广”，即广绣、广彩和广雕。

广绣是以广州为中心的珠江三角洲民间刺绣工艺的总称，以构图饱满、形象传神、纹理清晰、色泽富丽、针法多样、善于变化的艺术特色而闻名。广绣与潮州刺绣合称粤绣，与湖南的湘绣、四川的蜀绣和江苏的苏绣并称中国四大名绣。

广彩的全称是“广州织金彩瓷”。所谓织金彩瓷，就是在各种白胎瓷器的釉上绘上金色花纹图案，然后用低温焙烧而成，以其高贵艳丽的特色，备受中外人们喜爱，被清廷列为贡品。

广雕是指以广州为代表的具有岭南地方特色的雕刻工艺及其制品。广雕中最负盛名的是牙雕、玉雕和木雕。

图书在版编目（CIP）数据

两晋名士展风流 / 沈山明，李冰编 . —南昌：江西高校出版社，2017.3
（历史画中话）
ISBN 978-7-5493-5213-5

Ⅰ . ①两… Ⅱ . ①沈… Ⅲ . ①中国历史—晋代—青少年读物 Ⅳ . ① K237.09

中国版本图书馆 CIP 数据核字（2017）第 054560 号

责任编辑　刘建梅
装帧设计　小龙工作室

出版发行	江西高校出版社
社　　址	江西省南昌市洪都北大道 96 号
编辑电话	（0791）88511517
销售电话	（0791）88170198
网　　址	www.juacp.com
印　　刷	唐山新苑印务有限公司
经　　销	全国新华书店
开　　本	787mm × 1092mm　1/16
印　　张	6
字　　数	60 千字
版　　次	2017 年 3 月第 1 版 2017 年 3 月第 1 次印刷
书　　号	ISBN 978-7-5493-5213-5
定　　价	25.00 元

赣版权登字 -07-2017-258